BEI GRIN MACHT SICH IHR WISSEN BEZAHLT

AF143518

- Wir veröffentlichen Ihre Hausarbeit, Bachelor- und Masterarbeit

- Ihr eigenes eBook und Buch - weltweit in allen wichtigen Shops

- Verdienen Sie an jedem Verkauf

Jetzt bei www.GRIN.com hochladen und kostenlos publizieren

Schulseelsorge. Eine notwendige Basis der Islamischen Religionspädagogik im Islamunterricht

Nurten Öztürk

Bibliografische Information der Deutschen Nationalbibliothek:

Die Deutsche Nationalbibliothek verzeichnet diese Publikation in der Deutschen Nationalbibliografie; detaillierte bibliografische Daten sind im Internet über http://dnb.d-nb.de abrufbar.

ISBN: 9783389092521
Dieses Buch ist auch als E-Book erhältlich.

Das Buch bei GRIN: https://www.grin.com/document/1522880

Akademie für Lehrerfortbildung und Personalführung

Dillingen an der Donau

Wissenschaftliche Hausarbeit zum Thema: „Schulseelsorge- eine
notwendige Basis der Islamischen Religionspädagogik im Islamunterricht"

Nurten Öztürk

Lehrkraft für Islamunterricht, Seelsorgerin

04.11.2022

Seminar. Fachliche Qualifizierungsmaßnahme für Lehrkräfte des Islamischen
Unterrichts

1. Inhaltsverzeichnis

2. Einleitung

Die Modernisierung der globalisierten Welt zwingen die Muslime in Europa, ihre Religion in der Gesellschaft neu zu definieren. Diese besondere Herausforderung zeigt sich gerade auch im Islamunterricht an öffentlichen Schulen. Parallel zur aktuellen Schulentwicklung wird immer deutlicher, dass Schulen nicht nur Orte der Wissensvermittlung sind, sondern Orte des Lebens und Erlebens, an denen Begegnung, Beziehung und Begleitung eine wichtige Rolle spielen. Dem islamischen Unterricht kommt in diesem Zusammenhang eine besondere Bedeutung zu. Dabei geht es nicht nur um die Glaubensvermittlung, sondern auch um die Verstärkung der Orientierungsfähigkeit des muslimischen Schülers. Er soll seinen Beitrag dazu leisten, dass die hier lebenden muslimischen Kinder und Jugendliche sich im Prozess der muslimischen Beheimatung zwischen Tradition, Religion und Kultur mit seinen Widersprüchen, Konflikten und Identitäts- und Sinnfragen identifizieren können.(Ulfat et al., 2020) Diese Begleitung, Beratung, Unterstützung und Befähigung zum selbstständigen Denken mit dem Ziel der Religionsmündigkeit ist ein langfristiger Lernprozess und entwickelt sich durch die Interaktion mit anderen. Dieser identitätsstiftende Prozess(Rötting, 2019) vollzieht sich in erster Linie durch Lehrer-Schüler-Beziehungen, und islamische Lehrkräfte müssen sich eine Reihe von seelsorgerlichen Kompetenzen und Einstellungen aneignen, um diesen Herausforderungen begegnen zu können.

Nach dem Bayerische Grundgesetz über das Erziehungs- und Unterrichtswesen[1] (BayEUG Art.1) hat die Schule, den in der Verfassung verankerten Bildungs- und Erziehungsauftrag zu verwirklichen. Sie soll Wissen und Können vermitteln sowie **Geist, Körper, Herz** und **Charakter** bilden. Obwohl diese Komponenten der Seele besonders betont werden und im Vordergrund stehen, scheint das seelsorgerliche Handlungsfeld in der Schule unbeachtet. Die Seelsorge scheint sogar dem Schulsystem fremd zu sein. Warum wird Schulseelsorge so wenig wahrgenommen und unterrepräsentiert? Wie kommt es dann, dass Seelsorge und Religionsunterricht, auch als neue Wahlpflichtfach Islamischer Unterricht, nicht miteinander verknüpft sind? Bei genauerem Hinsehen aus der Sicht von Seelsorger und Lehrkraft für Islamischen Unterricht erkennt man, dass es nun zwei grundsätzliche Probleme gibt: 1) Schulseelsorge wurde bisweilen als spezielles Angebot der Kirche durchgeführt 2) Schulseelsorge wurde eigentlich als außerschulische Aktivität angesehen, die vom Religionsunterricht und der Religionspädagogik getrennt war. Andererseits wurde Schulseelsorge aus islamischer Sicht kaum thematisiert, da die Einführung des islamischen Unterrichts ein relativ neues Schulfach ist und in den

---

[1] Art. 1
Bildungs- und Erziehungsauftrag
(1) Die Schulen haben den in der Verfassung verankerten Bildungs- und Erziehungsauftrag zu verwirklichen. Sie sollen Wissen und Können vermitteln sowie Geist und Körper, Herz und Charakter bilden. Oberste Bildungsziele sind Ehrfurcht vor Gott, Achtung vor religiöser Überzeugung, vor der Würde des Menschen und vor der Gleichberechtigung von Männern und Frauen, Selbstbeherrschung, Verantwortungsgefühl und Verantwortungsfreudigkeit, Hilfsbereitschaft, Aufgeschlossenheit für alles Wahre, Gute und Schöne und Verantwortungsbewusstsein für Natur, Umwelt, Artenschutz und Artenvielfalt. 4Die Schülerinnen und Schüler sind im Geist der Demokratie, in der Liebe zur bayerischen Heimat und zum deutschen Volk und im Sinn der Völkerversöhnung zu erziehen.

Bundesländern unterschiedlich umgesetzt wird.[2] Wenn schon darüber diskutiert wurde, ging es vielmehr darum, ob Religionslehrer/innen bzw. Lehrkräfte für Islamischen Unterricht die schulseelsorgerischen Aufgaben übernehmen können oder 'ob muslimische Seelsorger/innen gefunden werden können, die die 'muslimischen Kinder und Jugendlichen entsprechend ihren religiösen Empfindlichkeiten begleiten können (Mohagheghi, 2014; Topalovic, 2020). **Mein Fokus liegt auf der seelsorgerlichen Haltung, die den Islamischen Unterricht bestimmen soll und dementsprechend die Lehrkräfte für Islamischen Unterricht gleichzeitig als Seelsorger ausrüsten soll.** Das Ziel dieser Hausarbeit ist somit die Erörterung der Seelsorge als notwendige Basis der Islamischen Religionspädagogik und der Kombination der Islamischen Seelsorge mit dem Islamischen Unterricht darzustellen.

Diese Arbeit soll die Sinnhaftigkeit des Bedarfs an Seelsorge im Islamischen Unterricht mithilfe wissenschaftlicher Argumentation betonen und ein Raum für Diskussion schaffen. Der erste Teil dieser Hausarbeit stellt die Seelenverständnisse aus verschiedenen Perspektiven vor, gefolgt von einer kurzen Darstellung der christlichen und muslimischen Seelsorge. Der zweite Teil gibt eine kurze Einführung in die Schulseelsorge, beschreibt dann das Handlungsfeld der Schulseelsorge, um dem Leser einen Überblick zu geben. Im letzten Teil werden Menschenbild und Barmherzigkeit als zentrale Aspekte islamischer Seelsorge mit Bildung und Erziehung verbunden. Nachfolgend finden Sie einige Beispiele von Konfliktsituationen aus meiner beruflichen Praxis. Anschließend gehen wir kurz darauf ein, wie der Zusammenhang zwischen Seelsorge und Islamischer Unterricht sich in der Religionspädagogik begründen lässt.

3. Die Seelenverständnisse aus verschiedenen Perspektiven

3.1. Die Seelenbegriffe aus den hebräischen, christlichen und islamischen Perspektiven

„Im hebräischen sind für die „Seele" besonders zwei Namen gebräuchlich: „Näfesch" und „Ruach" Näfesch leitet sich von der Bezeichnung „Hals" oder „Kehle"ab. Die griechische Bibel übersetzt Näfesch mit „Psyche" also mit „Seele, bedeutet aber auch „Wünschen", "Begehren", "Hoffen" und „Suchen". Ruach wiederum leitet sich vom „Hauch" ab und gewann die Bedeutung von „Geist" und „Sinn". Beide Begriffe spiegeln das Menschenverständnis der hebräischen Bibel wider, das von einer Einheit von Körper und Seele ausgeht: Wichtig ist das Verhältnis zu Gott und dessen Kommunikation mit den Menschen (Hinterhuber, 2013). Im neuen Testament wird der Mensch als ein Wesen, dass aus Leib, Seele und Geist besteht, beschrieben (1 Thes. 5,23). In Lukas (8,55; 23,46) wird der Geist als eine mit dem Atem und dem Leben untrennbar verbundene Kraft, die allen Gemütsbewegungen zugänglich ist, charakterisiert.

In verschiedenen Schriften des Neuen Testamentes muss der Begriff "Seele" jedoch- ähnlich wie in der hebräischen Bibel- als "Leben" oder "Person" gelesen werden. Im ersten

---

[2] Sowohl die Bundesländer als auch die Religionsgemeinschaften verwenden die Begriffe „Islamischer Religionsunterricht" „Islamkunde" oder „Islamunterricht" nicht einheitlich. In Bayern wird der Begriff „Islamunterricht "verwendet.

Brief an die Thessalonicher (5,23) steht aber die formelhafte Trias "Geist, Seele und Leib"(Hinterhuber, 2013, S.89)

In der Regel gibt der Koran keinen direkten Zugang zur Natur der Seele.[3] Beachten sie jedoch, dass die Schlüsselkonzepte zum Verständnis der Seele sind: „nafs[4] „und „ruh". Aus islamischer Sicht gibt es verschiedene Definitionen für den Seelenbegriffe Laut der „Encyclopedia of Islam" hat der Begriff nafs fünf verschiedene Bedeutungen. Die letzte Bedeutung von Nafs ist: die menschliche Seele und diese besteht aus drei Teilen: a) der triebhaften, von Begierden und Wünschen geprägtem Seele b) der Seele als rügender Instanz c) der Seele als beruhigender Kraft („nafs", in: EoI 2013). Neben den Schlüsselbegriffen nafs und ruh gelten auch die Begriffe „Herz" (qalb, fuad) und „Intellekt" (aql) als sehr wichtig für das Verständnis der Seele. Es ist erwähnenswert, dass der Koran dabei die Rolle des metaphysischen Herzens betont. Das Herz ist für alle Menschen das zentrale Organ, das die körperlichen und geistigen Aktivitäten des Menschen steuert und die Grundlage der menschlichen Existenz darstellt. Dies wird im Hadith des Propheten Muhammad deutlich gemacht: „Wahrlich es gibt im Menschenkörper ein kleines Stück Fleisch; wenn dieses gut ist, so ist der ganze Mensch gut; aber ist es verdorben, so ist der ganze Mensch verdorben. Wahrlich das ist das Herz."[5]

Die zahlreichen und unterschiedlichen Beiträge zum Seelenverständnis und ihr Verhältnis zu dem Körper und Intellekt wurde in der islamischen Geschichte seit dem 8. Jahrhundert diskutiert. Es versuchten schon einige frühe islamische Philosophen und Gelehrte sowie Al Kindi, Ibn Sina, Ibn Taimiya, Al Ghazali und Ibn Arabi eine konsistente islamische Vorstellung der Seele mit seinen Aspekten zu kreieren.[6] Es lässt sich zeigen, wie unterschiedlich die Gewichtung verschiedener Seelenbestandteile und wie verschieden das Verständnis und Konzept von Seele ganz allgemein sein kann. Der gemeinsame Nenner zwischen den unterschiedlichen Interpretationen ist das Ziel, nämlich die Seele zu perfektionieren.

Muslimische Gelehrte wie Ibn-i Arabi haben ganze Bücher zu dem Thema abgefasst, wie z.B. „Der Baum der Schöpfung". Gemäß der metaphorischen Bedeutung von Ibn-i Arabi besteht die Aufgabe des Menschen darin, durch ständiges Bemühen seiner Persönlichkeit ein perfektes Gleichgewicht zu erreichen, die beiden gegensätzlichen Aspekte von Nafs harmonisch zu vereinen und sich dadurch Gott zu nähern. Die Grundlage ist Bildung, wo Lernen und Glauben kombiniert werden. Dahinter steht die Ansicht, dass die Seele eine Art menschliche Realität ist. In diesem Prozess spielen die Namen Gottes eine besondere Rolle (Ünal, 2015).

3.2. Die christliche Seelsorge

Klessmann bezeichnet Seelsorge als ein niederschwelliges Angebot der Kirche zur zwischenmenschlichen Begleitung, Begegnung und Lebensbedeutung im Horizont des

---

[3] Koran 17:85
[4] Einen etymologischen Überblick zu dem Begriff nafs, bietet der Aufsatz von Marianus Hundehammer, (Badawia et al., 2020)
[5] [Sahih al-Buchari, Kapitel 2/Hadithnr. 52],
[6] (Aslan et al., 2015) S. 78

christlichen Glaubens mit dem Ziel, die Lebens- und Glaubensgewissheit von Menschen zu stärken (Klessmann, 2012). Laut Holger Eschmann taucht der Begriff Seelsorge im christlichen Kontext erst im 4.Jahrhundert bei dem Kirchenvater Basilius von Caesarea als Bezeichnung für das kirchliche Amt auf. (Eschmann, 2016). Die christliche Seelsorge unterscheidet sich zwischen der allgemeinen und speziellen Seelsorge. In der lateinischen Übersetzung cura animarum generalis ist die allgemeine Seelsorge gemeint also die allgemeine Seelsorge des kirchlichen Auftrags. (alles kirchliche Handeln und Reden). Cura animarum specialis ist die Seelsorge im engen oder eigentlichen Sinne und geschieht wieder unter kirchlichen Auftrag aber wird individuell spezifisch an Menschen und ihrem individuellen Befinden in Form eines Gesprächs ausgerichtet. Die Themen und Anlässe dieses Gesprächs können vielfältig sein. Es kann um praktische Lebenshilfe gehen, aber auch um Fragen des Glaubens und geschieht in unterschiedlichen Kontexten (z.B. Krankenhausseelsorge, Gefängnisseelsorge, Alten- und Seniorenheimseelsorge, Sterbebegleitung, Schulseelsorge).

Die christliche Seelsorge hat seit dem 19.Jahrhundert eine wissenschaftliche Fundierung als Teildisziplin der Praktischen Theologie und nennt sich „Poi-menik" (poimen, griech.: „Hirte"; Poimenik: „Lehre von der Seelsorge" Aus der praktischen Theologie stammen im 20.und beginnenden 21.Jahrhundert verschiedene Begriffe und Handlungsdimensionen von Seelsorge, die in der Geschichte der Seelsorge unterschiedlich gewichtet worden sind. In ihrer Gesamtheit stellen diese Dimensionen das Phänomen Seelsorge dar.

3.3. Die muslimische Seelsorge

Der Begriff „Seelsorge" wurde nie als Name verwendet. Im Islam kann nicht wie im Christentum von Seelsorge gesprochen werden, die auf inhaltlichem Verständnis, institutionalisierter Organisation und praktischer Umsetzung basiert. Das heißt aber nicht, dass es keine „Seelsorge" gegeben hätte, (Kamran; Talat, 2020). Aus dem Koran leitet sich ein komplexes und dynamisches System zur Seelsorge heraus(Badawia et al., 2020). Der erste Seelsorger war tatsächlich der Prophet Muhammad. Die sinnstiftenden Fundamente der Seelsorge im Islam umfasste die Bereiche der islamischen Philosophie, Psychologie, Theologie und Mystik in der Glaubenspraxis (Şahinöz, 2018). Die islamische Seelsorge ist deswegen ganzheitlich zu verstehen.

Die Nachfrage nach muslimischer Seelsorge im Sinne eines islamisch-religiösen Handelns für hilfsbedürftige Menschen in öffentlichen Institutionen wie Krankenhaus und Gefängnis ist in Deutschland sehr jung. In den letzten 15 Jahren erlebten wir die ersten Projekte und Modelle, ohne große institutionelle Strukturen[7]. Seelsorge ist daher für die deutsche muslimische Gemeinschaft eine neue Entwicklung und aufgrund der sich verändernden und belastenden Lebensumstände notwendig geworden. Die Anforderungen der modernen Gesellschaft werden es ihnen ermöglichen, über neue Konzepte und Rahmenbedingungen innerhalb der Gemeinschaft selbst nachzudenken, um originelle und zeitgemäße islamische Antworten auf ihre komplexen Bedürfnisse geben zu können. Die Auseinandersetzung mit einer „islamischen Seelsorge" auf dem akademischen Niveau

---

[7] Hierzu hat die Theologin und Seelsorgerin Gülbahar Erdem die aktuelle Entwicklung in Deutschland skizziert in ihrem Beitrag (Badawia et al., 2020) S. 13

steht weiterhin am Anfang, und es wird sicherlich noch einige Zeit vergehen bis in diesem Bereich ausreichend qualifizierten und qualitativen Forschungsarbeiten vorhanden sein werden.

4. Schulseelsorge als Handlungsfeld in der bisherigen Praxis

4.1. Dienst der Kirche

Schulseelsorge findet im Kontext von Schule, Gemeinde, kirchlicher Jugend-arbeit und Diakonie statt. Unter Schulseelsorge versteht man, Kinder und Jugendliche über den Religionsunterricht hinaus in ihrem Suchen und Fragen zu begleiten und religiöse Erlebnis- und Erfahrungsräume zu vertiefen, in denen das christliche Menschenbild im schulischen Kontext zum Tragen kommt. Es gibt trotzdem kein einheitliches Verständnis der Schulseelsorge. Dies kommt bereits in den unterschiedlichen Begrifflichkeiten zum Ausdruck, die zurzeit verwendet werden. Es wird oft von „Schülerseelsorge", „Schulseelsorge", „Schulpastoral" oder „von Jugendarbeit an der Schule" gleichzeitig gesprochen. Schulseelsorge zeigt sich in unterschiedlichen Formen entsprechend den personellen Möglichkeiten an den verschiedenen Schulformen(Franzmann, 2015). Dabei unterscheiden Harmjan Dam und Matthias Spenn zwischen vier Handlungsfeldern der Schulseelsorge (Harmjan Dam, 2011):

1. Begleitung -und Beratungsgespräche
2. Bildung -und Freizeitangebote für Gruppen
3. Gestaltung von Schule als Lern- und Lebensort, Mitverantwortung für die Schulkultur, Gottesdienste, Meditation, Andachten
4. Vernetzung mit dem Umfeld (Kooperation mit Beratungseinrichtungen, kirchlichen Angeboten, anderen Bildungsträgern und Religionsgemeinschaften im sozialen Nahraum.

4.2. Die Entwicklung der Schulseelsorge in dem Bildungssystem

Die Bildungsreformen der 1970er Jahre machten Schulen und Unterricht wissenschaftlicher und das Bildungssystem gesetzlich geregelt. Es stellte eine bedeutende Aufwertung des Religionsunterrichtes dar. Weil es als reguläres Fach voll anerkannt wurde (Koerrenz, 2008). Die Auswirkungen dieser Bildungsreformen in den 1970er Jahren begrenzten und betrafen jedoch die kollektive Verantwortung und den Einfluss der Kirche in den Schulen und damit die Schulseelsorge(Koerrenz, 2008, S.15). Als festgestellt wurde, dass außerschulischer Gesprächsbedarf besteht, wurde im Jahr 1988 das erste Projekt zur seelsorgerlichen Begleitung in Schulen gestartet. Beauftragung für die Schulseelsorge wurde zunächst nur dem Schulpfarrer/innen gewährt. Nach 2006 können Religionslehrer auch Seelsorgeauftrag erhalten. Voraussetzung ist, dass sie qualifiziert, sind (Dam and Spenn, 2009).

Interessanterweise stellt sich heraus, dass die Schulseelsorge in der pädagogischer Schulkonzept des 19. Jahrhunderts ein selbstverständlicher Bestandteil war. Die von Humboldt im frühen 19. Jahrhundert herbeigeführte Reform des Bildungswesens erkannte Geistes-, Herzens-, Körper- und Seelenbildung als Gemeinschaftsaufgabe humanistischer

Bildung an. „Im Zuge der Professionalisierung der Lehrerbildung wurde die Befähigung zur Seelsorge an SuS zur Aufgabe der allgemeinpädagogischen Ausbildung angehender Lehrkräfte" erklärt und in Lehrerseminaren und an den Universitäten thematisiert(Koerrenz, 2008, S.20)"

Im späten 19. und frühen 20.Jahrhundert führte jedoch die Etablierung der Pädagogik und der Psychologie als von der Philosophie getrennte Disziplinen zu einem neuen, teilweise wissenschaftlich verengten Verständnis der Seele. Dies führte dazu,dass die metaphysische und theologischen Bedeutung und Funktion des Seelenbegriffs an Stellenwert verlor. Leider haben sich im Zuge der Akademisierung der Lehrerbildung die Fachkulturen in allen Schulformen differenziert, so dass die heutigen Schulen zwar immer noch von Humboldts Ideen geprägt sind, aber Schulseelsorge nicht mehr als Aufgabe aller Lehrer verstanden wird (Koerrenz, 2008).

Andererseits ist die heutige Gesellschaft Zeuge einer immer stärker zunehmenden Entkirchlichung. Trotz dieses Traditionsabbruchs ist Religionsunterricht heute ein neues Thema, weil die Seelsorge im Schulkontext gute Erfahrungen gemacht hat. An dieser Stelle stellt sich in der christlichen Religionspädagogik eine neue Diskussionsfrage: „Sollte die seelsorgerliche Haltung nicht auch den Unterricht bestimmen?". So berichtet dies Kai Hostmann in der Zeitschrift Theo Web (Welling and der Katholischen, 2020) und fokussiert sich auf die religionspädagogischen Konzeptionen von Dieter Stoodt, Gerhard Büttner und Norbert Ammermann und kommt zum Fazit: „Die seelsorgerliche Haltung muss den Religionsunterricht nicht erst prägen. Die seelsorgliche Dimension des Religionsunterrichtes ergibt sich aus dem Gegenstand der Religion selbst." Ausgehend von diesem Leitgedanken betont Ammermann, dass die seelsorgliche Dimension nicht von außen in die Schule hineingetragen werden soll und spricht die Schlüsselrolle nicht den Kirchen, sondern den Religionspädagoginnen und Religionspädagogen zu. Genau dieses Verständnis von Schulseelsorge sollte die Ausgangslage für die zukünftige Seelsorge in Kombination mit Islamischem Unterricht sein(Ammermann, 1999).

5. Das Menschenbild und die Barmherzigkeit als zentraler Aspekt islamischer Seelsorge in der Bildung und Erziehung

5.1. Das Menschenbild und die Barmherzigkeit

Im Koran (95:4) heißt es: „Wahrlich, wir haben den Menschen in schönster Gestalt erschaffen (in bester Gestaltung). Diese hohe Stellung des Menschen ergibt sich aus seiner Verantwortung als Stellvertreter Gottes.[8] Nicht nur der Mensch, sondern die ganze Schöpfung Gottes ist in Schönheit erschaffen. Diese Schönheit der Geschöpfe spiegelt die Eigenschaften und die schönen Namen Gottes wider. Etwa Al-Rahman (der Barmherzige), Al-Rahim (der Gnädige), Al-Wadud (der Liebende). Diese Namen Gottes sollten sich in unserem Handeln widerspiegeln, denn laut Koran heißt es: „Gott liebt die Schönhandelnden. Dem islamischen Menschenbild folgend[9], um einander eben in dieser

---

[8] Vgl. Koran (2:30,33:72) nach Esad
[9] Vgl. (Takim, 2016)

schönen Weise zu begegnen, benötigt der Mensch allerdings eine unterstützende und barmherzige Hilfe, die unser Verhalten und Handeln moralisch prägen soll.

Barmherzigkeit[10] hat so eine zentrale Bedeutung, dass „Gott sich selbst zur Barmherzigkeit verpflichtet hat." (Koran 6:12). Gott schuf die Menschen, die Welt und alle Lebewesen aus seiner Barmherzigkeit heraus. Diese Barmherzigkeit ist nicht nur auf Gott bezogen, sondern gleichzeitig auch auf Propheten, insbesondere auf den Propheten Mohammed. Laut dem Koran wurde der Prophet Muhammed „als Barmherzigkeit aller Welten" (21:107) gesandt. Diese Barmherzigkeit soll auch in unserem Handeln und Verhalten erscheinen, denn „seid barmherzig und liebevoll gegenüber denen die auf Erden sind, dann ist Gott euch gegenüber barmherzig[11]." heißt es umsonst in den Hadithen. Barmherzige Berater und Begleiter des Menschen auf seinem Lebensweg sind Gott, die Propheten und diejenigen, die sich dazu berufen fühlen. In diesem Fall somit auch die Lehrer. Aus dieser Perspektive heraus kann man sogar sagen, dass der Koran ein moralisches Manifest ist, dessen Essenz in der Barmherzigkeit Gottes liegt. In dem Sinne wurden der Prophet Mohammed und seine Hadithe als ein großes Potenzial für ein Bildungs- und Erziehungsprozess betrachtet, die in der Glaubenspraxis nicht nur für Lernende, sondern auch Lehrende von Bedeutung sind. Es geht darum die Rolle des Lernenden und Lehrenden parallel anzunehmen. Somit ist die lebenslange Aufgabe, um sich selbst zu sorgen, genauso wie sich, um andere zu sorgen. Nach Islamischen Verständnis hat die moralische Bildung eine bedeutende Funktion, sodass moralische und religiöse Bildung nicht voneinander zu trennen sind. Die Aussage des Propheten „Ich bin nur gesandt geworden, um den guten Charakter zu vervollkommnen"[12] unterstützt diese Aussage und bündelt den Bildungsgedanken in sich.

„In dem Sinne bedeutet Erziehung mehr, als jemanden etwas zu lehren, Erziehung bedeutet vielmehr die Entfaltung und Aktivierung der vorhandenen Eigenschaften eines Menschen, die der Koran als Fitra bezeichnet(Aslan et al., 2015, S.95)." Das heißt Seelsorge und Erziehung gehören zusammen. Übertragen auf das heutige Bildungssystem würde das bedeuten, dass die Lehrkräfte eine Vorbildfunktion haben, in dem Sinne, dass sie den Propheten und dem Glauben Gestalt geben sollen, sodass dieser gelebt, erfahrbar gemacht und wahrgenommen werden kann. Laut Martin Rötting spielt die spirituelle Dimension somit eine zentrale Rolle, welche wahrgenommen sowie gestärkt werden muss und " eine rein strukturell definierte Beziehung zum SuS würde nicht genügen damit dies erfolgreich geschehen kann(Rötting, 2019, S.105)."

Aus der islamischen Sicht bedeutet moralische Bildung auch religiöse Bildung, schlicht das Aneignen moralischer Eigenschaften. Dazu muss der Mensch geschult, diszipliniert, kultiviert und zivilisiert werden. In dem Sinne konvergiert sich Seelsorge mit dem allgemeinen Bildungsziel der Selbstentfaltung. Bei einem zukünftigen Qualifizierungskonzept für die Entwicklung von Fortbildungsmaßnahmen sollten die islamisch ethischen Aspekte aus der Glaubenspraxis unter Beziehungskompetenz, Gesprächskompetenz und Personale Kompetenz behandelt werden. Zusammenfassend

---

[10] Hierzu hat der Herr Prof. Yasar Sarikaya in seinem neu erschienen Buch die Barmherzigkeit ausführlich thematisiert (Sarıkaya and Gömleksiz, 2020).
[11] Abu Dawud, Adab,58
[12] Musnad 2,381

lässt sich sagen, dass alle islamischen Komponenten der Seelsorge die allgemein pädagogischen, erzieherischen Ziele in sich vereint und deswegen Seelsorge im Kontext der Erziehung im Schulsystem nicht wegzudenken ist.

5.2. Fallbeispiele aus der Praxis der Lehrkraft des islamischen Unterrichts

Im Folgenden finden Sie einige Beispiele von Konfliktsituationen aus meiner beruflichen Praxis, in denen seelsorgerliche Bedürfnisse auftreten und angegangen werden müssen:

- Eine 1. Klässlerin traut sich nach einem halben Jahr zum ersten Mal beim Ritual zu melden. Sie ist kognitiv fortgeschritten und kann sich sprachlich gut ausdrücken, aber meldete sich kaum im Unterricht. Sie erzählt über den Fried-hofbesuch ihres Vaters in der Türkei. Ihre Gedanken und Gefühle fließen mit in den Unterricht hinein.
- Das Thema ist „Feste der Religionen". In der Arbeitsphase des Unterrichtes sollen die SuS ihr Lieblingsfest mit der Familie malen. Ein Schüler, der im 2. Halbjahr aus Albanien in die Klasse kam und noch nicht gut deutsch sprechen kann, sitzt still und beginnt nicht. Die Lehrkraft geht zu Ihm, und erklärt Ihm seine Aufgabe und fragt erneut nach warum er denn so traurig schaut. Er fängt an von seiner Mutter zu erzählen, die immer streng gegenüber ihm ist und schimpft und seinem Vater, der wegen seiner Arbeit kaum zu Hause ist. An-schließend fängt der Schüler an zu weinen.
- Zwei Kinder aus einer Klasse, die jede Woche vor Unterrichtsbeginn 15 Minuten von der Lehrkraft beaufsichtigt werden, kommen mit ihrem Mitschüler zu ihr und meinen, dass sie ihr vertrauen und lassen den Mitschüler von der Gewalt-erfahrung in der Familie erzählen. Dies scheint alle drei Schüler sehr zu belasten.
- Auf einer Lehrerfortbildung erfährt eine Kollegin, dass ihr Schüler Suizid begangen hat. Sie ist tief davon getroffen und weiß nicht wie sie mit sich selbst oder den Eltern und Mitschüler umgehen soll. Was könnte man in solch einem Fall sagen? Wie sollte man reagieren? Dies waren Fragen, die sie beschäftigt haben.
- Die Schulsozialarbeiterin kommt am Anfang des islamischen Unterrichts mit einem Schüler der 3. Klasse zum Unterricht und teilt **der** Lehrkraft mit, dass Sie laut Vereinbarung mit der Klassenlehrerin, diesen Schüler für mehrere Male von ihrem Unterricht entschuldigt, um private Sitzungen mit Ihm zu halten. Erst nachdem die Lehrkraft selbst explizit nachfragt, erfährt sie, dass der Grund der Tod des Vaters vom Schüler ist. Es war ihr nicht verständlich, warum der Schüler ausgerechnet in ihrem Unterricht fehlen musste, wenn doch die Themen wie Tod und Umgang mit dem Tod im Islamischen Unterricht thematisiert wer-den müssen und dadurch der Unterricht dem Schüler eine große Unterstützung bieten könnte. Als Seelsorgerin und Lehrkraft des Islamischen Unterrichts sah sie es als ihre Aufgabe auch aktiv den Schüler zu begleiten und ihm zu helfen, weswegen sie sich mit der Mutter des Schülers und sowohl mit ihm unterhalten habe und er dann weiterhin an ihrem Unterricht ohne Ausnahmen teilnehmen wollte.

An dieser Stelle muss man unterscheiden, dass die Schulsozialarbeit überwiegend in besonderen Problemfällen von Schülern Unterstützung anbietet, dahingegen die Lehrkraft für islamischen Unterricht den gesamten Lernprozess des Schülers begleitet. Dabei spielt der Glaube als Ressource eine wichtige Rolle und das aufgebaute Vertrauen durch die Beziehung ist vorteilhaft.

Hinter kurzen und einfachen Blicken, Bemerkungen und Beschwerden verbirgt sich manchmal ein individuelles Drama und durch kurze Sätze und kleine Gesten wiederum kann man Wertschätzung, Anerkennung und Barmherzigkeit zeigen. Ermutigen, unterstützen, motivieren, Denkanstöße geben und Vertrauen in die Fähigkeiten von Kindern und Jugendlichen aufbauen, sind wichtige Aufgaben von Lehrkräften bei der Förderung gelingender Identitäten.

Die Dimension menschlichen Daseins, die allgemeine menschliche Interaktion gehört zu den seelsorgerlichen Aufgaben, die innerhalb des Unterrichts ins Spiel kommen. Die Lehrer erwecken ein Gespür, die die Lebensgestaltung prägt und das Verhalten bestimmt. Der langjährige Seelsorger und Religionslehrer Herr Prof. Norbert Ammermann stellt in seinem Buch heraus, dass seelsorgerliches Verhalten und Religionspädagogik miteinander korrelieren (Ammermann, 1999).

Dies sind nur Beispiele weniger Situationen unter zahllosen, in denen die Lehrkraft für Islamischen Unterricht den SuS, ihren Eltern oder auch Lehrkräften barmherzig entgegenkommen muss. Dementsprechend erworbene seelsorgerliche Kompetenzen und Haltungen sind eine wichtige Voraussetzung, um dies erreichen zu können. Es muss eine besondere Sensibilität für diese Situationen entwickelt werden, die die Aspekte der Seelsorge sowie der Beziehungskompetenz und der Personenkompetenz beinhaltet, aber auch islamisch-pädagogische Aspekte wie zum Beispiel Muhasaba, Ikhlas, Tafakkur, Shükr, Marifa, Firasa etc. inkludiert.

5.3.　Eine pädagogische Grundlegung

Ralf Koerrenz und Michael Wermke haben in ihrem Buch (Koerrenz, 2008) eine pädagogische Grundlegung vorgelegt und gehen davon aus, dass die heutige Schule längst keine konfessionelle Bekenntnisschule mehr ist, sondern vielmehr die religiöse Pluralität ihrer Schüler sichert. Ein moderne Schulseelsorge, wenn sie schulpädagogisch begründet sein will, hat demnach nicht nur der christlich-konfessionellen, sondern auch der religiösen, kulturellen und ethnischen Ausdifferenzierung Rechnung zu tragen. „Dies bedeutet, dass „Schulseelsorge" keine ausschließliche Domäne der christlichen Kirchen sein kann, sondern auch vor allem islamischen oder jüdischen sowie einer der allgemeinen Ethik verpflichteten Schulseelsorge nachgedacht werden muss. In diesem Bezug auf Bildung müsste das Recht von Kindern und Jugendlichen leitend sein, inmitten aller Qualifizierungs- und Leistungsanforderungen in ihrer je individuellen Persönlichkeitsbildung wahrgenommen werden zu können bzw. zu müssen" (Koerrenz, 2008, S.23).

Hierzu möchte ich das seelsorgerlich-pädagogische Individualisierungskonzept von Katzer hervorheben. Katzer ist nämlich der Ansicht, dass die Schulseelsorge in einem umfassenden Bildungsverständnis fest verankert liegt. Die Schulseelsorge ist nach Katzer „nicht einem verzichtbaren Additiven, eine mögliche Ergänzung zum pädagogischen Gesamtkonzept, sondern die Voraussetzung und das Ziel(Koerrenz, 2008, S.21)". „Keine Gemeinschaft als gerade die der Schule, ist geeigneter und fähiger, dass Seelsorge in ihr geübt werde." Für diese Aufgabe findet Katzer den Begriff des ‚Individualisierens', dass „bei jeder Seelsorge am wichtigsten und eine der Hauptaufgaben der Pädagogik ist(Koerrenz, 2008, S.23)." Daraus lässt sich ableiten, dass die Individualität der Schüler in ihrer facettenreichen Lebensrealität und ihrem religiösen Kontext wertgeschätzt und anerkannt werden soll, indem wir als Lehrkräfte das nötige Repertoire besitzen, um auf diese einzugehen. Zu diesem Repertoire gehört vor allem als Religionspädagoge die Schulseelsorge dazu.

6. Fazit

Die anthropologische Perspektive des ersten Teils zeigt, dass sich in allen Seelenverständnissen, ob jüdisch, christlich oder muslimisch, trotz unterschiedlicher Definitionen ein gemeinsamer Nenner findet. Dies ist mit anderen Worten der spirituelle Aspekt der menschlichen Existenz, der durch äußere Einflüsse geformt werden kann.

Bei der Erforschung der Hintergründe des Begriffs der Seelsorge im zweiten Teil, stellt sich heraus, dass dieser bis heute hauptsächlich die christliche Seelsorge als spezielles kirchliches Handlungsfeld geprägt wurde. Allerdings hat sich ebenfalls herauskristallisiert, dass selbst wenn Seelsorge als Begriff nicht im islamischen Kontext explizit auftaucht, das Konzept der Seelsorge internalisiert in dem Menschenbild und der Praxis des Islams und somit als einen äußerst bedeutsamen, zentralen Aspekt bildet.

Es wird versucht die islamische Seelsorge im akademischen Bereich nach christlichem Vorbild neu zu definieren und sie mit diesem zu vergleichen. Die islamische Seelsorge unterscheidet sich jedoch in ihren Grundlagen, Terminologien und Methoden von der christlichen Seelsorge, was Vergleiche sehr schwierig macht. Vor allem der Bereich Schulseelsorge hat sich im christlichen Kontext ausdifferenziert, sodass die Seelsorge als kirchliches Arbeitsfeld von dem Religionsunterricht und der Religionspädagogik als schulisches Arbeitsfeld getrennt betrachtet wird. Diese Ausdifferenzierung der Seelsorge deutet auf fehlende Differenzierungsleistung hin, vor allem in Bezug auf die islamische Seelsorge. An erster Stelle hat die islamische Seelsorge keine feste Institution hinter sich. An zweiter Stelle finden sich in der islamischen Geschichte, deckungsgleiche Bereiche, wie zum Beispiel: Pädagogik, Therapie, Seelsorge, Philosophie, Theologie etc., sodass die Religionspädagogik nicht von der islamischen Seelsorge getrennt werden kann. Sie sind zwei Seiten derselben Medaille, bauen aufeinander auf und stehen in stetiger Wechselwirkung.

Wir müssen hier eine Ganzheitlichkeit des Denkens wieder einbringen und innovative, interdisziplinäre und dimensionierte Konzepte überlegen, in der bestimmten Aspekte aus der Religionspädagogik der Pastoralpsychologie und anderen Richtungen mit der islamischen Seelsorge kombiniert werden.

Auch wenn sich Schulseelsorge bisweilen als ein Angebot der Kirche realisiert hat, wäre es falsch Qualifizierungsmaßnahmen und eine kirchlich-institutionelle Beauftragung als Voraussetzung zu stellen, da wir Muslime in Gegensatz zu den Christen weder eine Institution, wie die Kirche, noch eine kirchenähnliche Struktur besitzen und somit auf pädagogische, psychologische und theologische Fundierungen angewiesen sind. **Die Einführung einer organisierten Schulseelsorge in Bezug auf den Islamischen**

Unterricht im Schulleben sollte keine im institutionellen Sinne kirchliche Angelegenheit sein, sondern eine schulimmanente Angelegenheit, worunter die Konzeption eines schulischen Unterrichtsfaches im Horizont seines staatlichen Auftrags zu verstehen ist.

Dieses Konzept der Schulseelsorge als Basis des islamischen Unterrichts lässt sich, wie in dieser Hausarbeit gewagt, mithilfe wissenschaftlicher Argumentation nicht nur aus islamisch-theologischer Perspektive begründen, sondern auch aus schulpädagogischer Perspektive. Die hier zusammengefassten Gedanken und Überlegungen sind jedoch nur als Beitrag zu dieser Diskussion zu verstehen, wobei zu beachten ist, dass einige Aspekte nur am Rande erwähnt werden und andere näher erörtert und vertieft werden müssen. Das Ziel ist dennoch eine neue Grundlegung der seelsorgerlichen Dimension in Kombination mit dem Islamischen Unterricht im Schulsystem zu schaffen. Ich plädiere hiermit für die Erarbeitung und Umsetzung islamisch-religionspädagogischer Konzepte, die der Notwendigkeit, Aktualität und Komplexität der Thematik gerecht werden!

7. Literaturverzeichnis

Ammermann, N., 1999. Seelsorge im Religionsunterricht.

Aslan, E., Abdaoui, M.-E., Charkasi, D., 2015. Islamische Seelsorge in Österreich, in: Islamische Seelsorge. Springer, pp. 179–194.

Badawia, T., Erdem, G., Abdallah, M., 2020. Grundlagen muslimischer Seelsorge: Die muslimische Seele begreifen und versorgen. Springer, Erlangen-Nürnberg.

Dam, H., Spenn, M., 2009. Qualifizierung Schulseelsorge. Comenius-Institut.

Eschmann, H., 2016. Christliche Seelsorge. Spiritual Care 5, 149–151.

Franzmann, J., 2015. Seelsorge in der Schule. Handlungsfelder, Kompetenzen und Qualifizierung. GRIN Verlag.

Harmjan Dam, M.S., 2011. Seelsorge in der Schule. pp. 9–10.

Hinterhuber, H., 2013. Die Seele: Natur-und Kulturgeschichte von Psyche, Geist und Bewusstsein. Springer-Verlag.

Kamran; Talat, 2020. islamische seelsorge.

Klessmann, M., 2012. Seelsorge.

Koerrenz, R., 2008. Schulseelsorge-ein Handbuch. Vandenhoeck & Ruprecht, Goettingen.

Mohagheghi, H., 2014. Schulseelsorge in der pluralen Schule, Schnittstelle Schule, in: Dam, H., Elsenbast, V., Spenn, M. (Eds.), Münster: Comenius-Institut (Impulse Evangelischer Bildungspraxis 6). pp. 43–46.

Rötting, M., 2019. Navigation: spirituelle Identität in einer interreligiösen Welt: eine empirische Studie zur Genese von Individualreligiosität im pluralen Kontext religiöser Organisationen: Fallstudien aus München, Vilnius, Seoul und New York. eos.

Şahinöz, C., 2018. Seelsorge im Islam: Theorie und Praxis in Deutschland. Springer-Verlag.

Sarıkaya, Y., Gömleksiz, E., 2020. Hadith und Hadithdidaktik. Islam Didaktik 24–193.

Takim, A., 2016. " Und meine Barmherzigkeit umfasst alle Dinge"(Koran 7: 156): das islamische Menschenbild und die Seelsorge im Islam. CIBEDO-Beiträge zum Gespräch zwischen Christen und Muslimen 134–143.

Topalovic, S., 2020. Grundlagen muslimischer Seelsorge: Die muslimische Seele begreifen und versorgen, in: Badawia, T., Erdem, G.M. (Eds.), . Springer.

Ulfat, F., Engelhardt, J.F., Yavuz, E., 2020. Islamischer Religionsunterricht in Deutschland. Qualität, Rahmenbedingungen und Umsetzung. Akademie für Islam in Wissenschaft und Gesellschaft (AIWG).

Ünal, A., 2015. Ali Ünal: Der Koran und seine Übersetzung mit Kommentar und Anmerkungen. Übersetzt von Fatima Grimm und Wilhelm Willeke. Define Verlag, Frankfurt am Main.

Welling, K., der Katholischen, D.L. im L., 2020. Zeitschrift für Religionspädagogik Academic Journal of Religious Education. Theo-Web 19, 300–321.